L'invito

Sei invitato
alla mia festa di compleanno
lunedì 25 marzo alle ore 16.00
al museo del mare.

Luna

Evvai, Luna mi ha invitato!
Doppio evvai, la sua festa è lunedì e mamma ha detto che posso saltare judo! Triplo evvai, al compleanno verranno anche Fuad e Marco, e noi insieme siamo un trio fantastico!
Quadruplo evvai, la nonna di Luna fa delle torte spaziali!
Che strano però, il compleanno al museo.
Spero che non ci facciano studiare, o fare cose obbligatorie e noiose. E che non ci proibiscano di correre.
Perché io nella vita amo fare soprattutto tre cose: prendere la rincorsa, correre e scivolare.

Spero anche che al compleanno di Luna non ci sia suo nonno Guido, che è un tipo molto antipatico e severo. Una volta fuori da scuola mi ha fatto un urlaccio, ricordo che mi sono vergognato un sacco. Mi veniva da piangere, sono diventato viola come una melanzana e mi son detto che non lo avrei più voluto vedere. Comunque avere il nonno al proprio compleanno è roba da piccoli, e noi siamo grandi. Quindi non ci dovrebbero essere problemi.
Però che fortuna ha Luna: compie gli anni in primavera e ha una festa tutta per lei, in un posto speciale, con un sacco di amici.
E secondo la proprietà distributiva delle feste:

compleanno + tanti amici =
un mucchio di regali!

Io invece compio gli anni in febbraio, quando c'è un freddo che stacca le orecchie, e di regali ne ricevo pochi, perché non posso invitare tutti: a casa mia c'è poco spazio e i miei dicono che affittare i posti per le feste costa troppo ed è superfluo.
Altroché superfluo: sarebbe super!

Il pensiero

– Cosa pensi di regalare a Luna? – mi domanda mamma, mentre guida per portarmi a scuola. Il cielo è scuro e minaccioso ma lei ha sempre il sorriso sulle labbra.
Adesso stiamo attraversando il ponte e io leggo con il pensiero i nomi dei pescherecci ormeggiati: *Assunta*, *Speranza*, *Primo-Secondo*, *Stella Maris*, *Piripicchio*, *Black Panther*, *Pensapertè*.
Un gabbiano sta di vedetta in cima all'albero di una barca. All'improvviso prende il volo e fa un pezzo di strada con noi, plana vicino al mio finestrino, poi devia e io lo saluto:
– Ciao Gaetano!
Se fosse stato un piccione l'avrei chiamato Gastone. Se fosse stato un cormorano, credo sempre Gaetano.
– Nico, mi rispondi? Ti ho chiesto cosa vuoi regalare a Luna!
Io non posso certo dire a mamma quello che

sento nel cuore, così rimango vago:
– Boh, qualcosa di rosa e brillante, è una femmina... Anzi, basta il pensiero, quindi posso anche non regalarle niente.
– Non fare lo sciocco, quale pensiero? E poi devi sapere che le bambine non sono tutte uguali – ribatte lei.
– Se lo dici tu...
Mamma abbocca, e aggiunge:
– Com'è Luna? Cosa le piace fare?
Lei è... penso: bellissima, gentile, incantevole, e dico: – normale, e le piace... – penso: disegnare le tartarughe, raccontare storie sulle tartarughe, cantare canzoni con dentro le tartarughe, e dico: – boh!
Gli occhi di mamma lasciano per un istante la strada per localizzarmi sullo specchietto retrovisore. Mi rassicura: – Non ti preoccupare *Signor Boh*, non lo dirò a nessuno!
– Cosa? Che cosa non dirai a nessuno?
Mamma sorride, perché questa volta non ha abboccato, e io mi sento come una tartaruga senza guscio: verde e nudo.

L'ingresso

La settimana è finita, evvai, e io ho due cose in più: un livido sotto il mento e una crosta sul ginocchio destro. Risalgono rispettivamente a giovedì (botta stellare con la faccia contro la testa di Michelone a judo) e venerdì (rincorsa nel cortile della scuola con scivolata fallita e ruzzolone del secolo).
Imploro mamma di non entrare al museo con me, ma lei mi vuol baciare, mi raddrizza le spalle, mi pettina con le mani, io credo che se potesse mi metterebbe anche la polvere di borotalco sul didietro tipo poppante sul fasciatoio, e mi lamento:
– Smettila, per favore!
Niente da fare, insiste, dice che deve salutare la mamma di Luna. La signorina dell'ingresso, tutta elegante ma con una testa di capelli ricci tinti di fucsia, prende la mia giacca a vento e spiega che la mamma di Luna non c'è: con la

festeggiata c'è la nonna.
Che bello... pensa una parte del mio cervello, allora ci sarà anche la torta spaziale!
Che brutto... pensa l'altra parte. Perché...

...come dice un proverbio di Saronno:
dove c'è una nonna forse c'è anche un nonno!

e io me lo sono giurato: se il nonno di Luna sta in un emisfero terrestre io mi devo trovare nell'emisfero opposto.
Sì, io e lui siamo diversi, cioè io sono carino e simpatico e corro forte; lui è brutto, antipatico e urla forte, troppo forte, e quindi dobbiamo stare lontani, *per incompatibilità di carattere*, come dice mia cugina Loretta ogni volta che si lascia con un fidanzato.
Di colpo ricordo che nella tasca della giacca che è rimasta al guardaroba ho messo tre piccole trottole per sfidare Fuad e Marco, ma ormai la signorina-ricci-fucsia mi ha fatto entrare nella sala delle barche, dove c'è Luna che mi saluta da lontano con gli occhi luminosi e il sorriso timido.
Direi che le trottole possono aspettare.

Sala 1
FESTA

La sala

Luna mi viene incontro, e Gaia piomba subito lì fra noi. Tanto meglio, dal momento che la mia testa sta girando come un timone impazzito.
Consegno a Luna il pacchetto che io stesso ho confezionato con cura ma con scarsi risultati: contiene alcune matite colorate acquerellabili e un blocchetto da disegno.
– Grazie – sussurra, lo apre subito cercando di non rompere la carta, e il suo sorriso si allarga.
Arrivano anche Fuad e Marco, senza doni in mano perché hanno partecipato al regalo di gruppo (vestiti + vestiti = troppi vestiti...) e io penso che ha ragione il maestro Luca quando dice che alla nostra età, se non sai cosa regalare, con dei colori e dei fogli non sbagli mai.
– Venite – ci esorta Luna – qua c'è un pesce che si chiama come me!

Velocemente, tutti in branco come sardine curiose, ci spostiamo dalla sala delle barche a quella del mare.

– Uao! – esclamiamo in coro.

Alle pareti ci sono grandi pannelli fotografici che riproducono il mondo subacqueo, partono da terra e arrivano quasi al soffitto, sembra di stare negli abissi, questo posto è magico, evvai!

Però non credo di poter fare corse e scivolate qui dentro, perché oltre alle pareti fotografiche ci sono tanti quadri e vetrinette con miriadi di pesci, conchiglie e stelle marine.

C'è anche un gabbiano che assomiglia a Gaetano, ma questo qui del museo è imbalsamato per davvero!

Una grossa creatura con lo sguardo fisso in avanti e la superficie grigia e ruvida guarda verso il muro-mare a bocca aperta: è il pesce luna, e Luna in comune con lui ha solo il nome. Per mille mostri marini, questo pescione è veramente brutto, ma a me esce un:

– Eh eh Luna, siete proprio uguali!
Gli amici ridono alla mia battuta e la ripetono... potevo risparmiarmela.
Seguo tutto il pesce luna dalla testa alla coda, incredibile che una volta fosse vivo, lo annuso, sa di baccalà essiccato, quello che mia nonna Adelina cucinava stufato.
Mi assale un ricordo lontano e felice.

Il gioco

Mentre stiamo decidendo un gioco da fare tutti insieme, mi casca lo sguardo su una cosa grossa e nera appesa alla parete: ha un enorme guscio tondo e la testa grande quasi come le quattro zampe-pinne.
Per mille coralli, sembra una tartaruga, ma le tartarughe non sono verdi? E poi non sono piccole? Non ci capisco più niente, vorrei sapere di più. Non chiedo nulla a nessuno per non fare la figura del secchione, ma rimango incantato su quell'animale, sulle fessure dei suoi occhi e le grinze del suo muso, immaginandolo nuotare libero nel mare.
– Nico, vieni? – Fuad mi tira per la maglia, e io mi risveglio dall'ipnosi.
Giochiamo a *dire, fare, baciare, lettera e testamento*: uno chiude gli occhi e sceglie un dito della mano di un altro, poi li apre e scopre che cosa gli tocca fare.

Ad ogni dito corrisponde una penitenza.
Prima Felipe si becca *un testamento* di pacche sulle spalle, poi è il turno di Serena che deve *fare* tutto il giro della sala del mare saltellando indietro su un piede solo.
Ora tocca a me. Sto ben attento a evitare alcune dita di Marco in modo da non scegliere... *baciare*!
Come ho potuto? Che vergogna, proprio quello che non volevo! Tutti gridano in coro:
– Bacio, bacio, bacio!
Marco ci mette il carico: – Vai Nico, è la tua occasione! – gli faccio il segno del pugno sul muso. In un attimo divento del mio solito color viola melanzana, e poi mi balza un'idea in testa: lo faccio? Li spiazzo? Sfrutto il momento di celebrità?
O ora o mai più: parto in quarta verso l'obiettivo, diretto alla meta, chiudo gli occhi, stringo i pugni, labbra a cuore e... la bacio!

La sorpresa

Ho baciato una mummia di tartaruga.
Quella di prima, vicino al pesce luna. Una vera tartaruga marina gigante nata, vissuta, morta e imbalsamata.
Sono passato di fianco a Luna e penso che per un attimo qualcuno (io per primo) abbia immaginato che andassi da lei. Invece mi sono diretto verso la buona vecchia tartarugona.
L'ho fatto per far ridere tutti, perché sono un tipo spiritoso, ma prima ancora per togliermi dall'imbarazzo, perché Federico ha detto a Gaia che secondo lui mi piace Luna e allora non volevo pettegolezzi.
Antonello chiude il gioco con la sua penitenza. Lui ha scelto il primo dito, e lo abbiamo costretto ad andare dalla nonna di Luna a dirle: – Lo sa signora che lei è proprio uno schianto?
– Grazie! – risponde distrattamente la nonna,

e annuncia:
– Attenzione bambini, venite tutti qua!
Io mi lecco i baffi e canto:

Pancia mia fatti capanna,
c'è la torta della nonna!

– No tesoro golosone, la torta arriva dopo. Adesso c'è una cosa interessante per voi: la guida!
Antonello esclama:
– Che forza, ci sono le macchinine da pilotare?
Luna gli risponde: – Ma cosa dici tonto, la guida naturalistica del museo!
Quindi una guida. Mi chiedo: è proprio necessario? Non si tratta di un compleanno? Perché questa tortura?
– Speriamo sia simpatica! – bisbiglia Marco alla mia destra.
– Speriamo sia giovane! – ridacchia Fuad alla mia sinistra.
– Speriamo sia invisibile... – aggiungo io svogliato.
Guardo Luna per controllare la sua reazione. Lei ride divertita, ha gli occhi che le brillano.

Osserva estasiata e trepidante l'ingresso della stanza del mare.
Altroché invisibile.
La guida entra, e senza che io me ne accorga la bocca mi si apre, le narici mi si allargano, le braccia mi cadono giù penzoloni: non è una guida, è un Guido!
Cioè, non solo non è una ragazza simpatica, giovane e carina, ma un uomo con tanto di baffi e capelli bianchi, è proprio lui, nonno Guido, il nonno di Luna, quello che non volevo mai più incontrare in vita mia!
Addio mondo crudele, sono rovinato.

La guida

Vorrei uscire dalla stanza ma vengo subito chiamato in causa da Luna, che mi indica divertita: – Nonno, lo sai che lui ha baciato quella tartaruga?

– Sì, la ama, la vuole sposare! – commenta Serena per vendicarsi, perché la sua penitenza di prima l'ho inventata io.

– Fai bene, sai, ad amare queste creature – commenta il nonno di Luna.

– Mio nonno Guido è una guida – annuncia Luna.

– Cioè, tuo nonno sarebbe una donna? – fa Antonello con aria confusa.

– Ma quale donna, è il suo lavoro, lui è una guida naturalistica, e il mese prossimo ci accompagnerà all'ospedale delle tartarughe!

Ci mancava solo questa.

– Così Nico ne può baciare anche di vive – continua Serena.

– Nico bacio bua e tartarughina malatina guarisce! – anche Fuad mi prende in giro.

Begli amici che ho!

– Ma davvero andiamo all'ospedale delle tartarughe? – domanda Antonello, e Fuad gli dà una pacca sulla spalla.

– Sapete come si chiama questo? – domanda il signor Guido. Tiene la mano poggiata sul guscio della tartaruga che ho baciato.

– Dinosauro? – prova Antonello.

– Tartarugo! – tenta Gaia.

– È un esemplare di tartaruga marina, ma io vi sto indicando il suo guscio. Come si chiama?

– Guscio! – gridano tutti tranne me. Io non voglio aprire bocca per protesta.

– In realtà il nome del guscio è *carapace*. Sapete quant'era grande questa tartaruga quando è nata? Tu come ti chiami?

– Io?

– Sì, proprio tu con il ciuffo in testa. Mi sembra di conoscerti. Guido sta indicando proprio me.

Dico: – Nico... – ingoio la saliva poi aggiungo: – ...lò.

Si avvicina, mi sta per prendere per un braccio. Ci risiamo, ma io non ci sto, se mi tocca mi ribello!

Il nome

– Sei forzuto? Fammi sentire il muscolo... Mmm, insomma. Eh eh.
Il nonno di Luna fa lo spiritoso. Quindi per ora cessato allarme, ma mi rimane comunque antipatico e mi fa paura.
– Bene Nicolò, adesso per cortesia prova a prendere quel secchio pieno di sabbia.
Voglio dimostrare a tutti che i muscoli ce li ho eccome. Sollevo il secchio: mi viene una fitta alla schiena ma non lo do a vedere.
– Bene, bravo. Ora leggi: cosa c'è scritto sul secchio?
– *Ca...rezza Carezza.*
– Oh Nico, come sei romantico! – dice Marco dietro di me, io sferro un calcio alla cieca e colpisco Fuad che sussulta.
– Leggi bene: c'è scritto *Caretta Caretta*, è il nome scientifico di questa creatura. Un animale antichissimo che può arrivare a più

di un metro di lunghezza e duecento chili di peso. È tuttora presente nel nostro mare, ma...
Il signor Guido racconta e tutti ci immergiamo nel mondo delle tartarughe.
Io dimentico di essere arrabbiato e spaventato, Fuad scorda il dolore del mio calcio, Antonello smette di chiedere quando si mangia, Serena non parla più del suo smalto con Giorgia, insomma, è un incanto generale.

Il secchio

Sono molto attento e curioso mentre Giorgia, che si è offerta volontaria, scava nel secchio di sabbia. A un certo punto esclama:
– Ecco! – ed estrae una sfera bianca, e un'altra ancora – ce ne sono tante! – annuncia.
– Che cosa sono secondo voi, bambini? – chiede Guido.
Antonello risponde per primo:
– Palline da ping-pong! – Risata generale.
– Esatto, bravo! – Fine della risata generale. La nostra guida prosegue: – In effetti è vero, queste sono palline da ping-pong. Le usiamo qui al museo nel laboratorio in cui raccontiamo la deposizione delle uova e la nascita delle tartarughe marine. Pensate che la femmina *Caretta Caretta* nuota per miglia e miglia nella tempesta, nelle profondità, fra i predatori e i pericoli di ogni tipo, per tornare a deporre le le sue tante uova, scavando accuratamente una

buca con le zampe-pinne, sulla spiaggia nella quale è nata circa venticinque anni prima. Anche se il signor Guido continua a farmi un po' paura e mi sta ancora abbastanza antipatico, devo riconoscere che ne sa davvero tanto di mare e di testuggini, che poi sarebbe un altro modo per chiamare le tartarughe.

La torta

Torniamo nella stanza delle barche a cantare *tanti auguri* a Luna.
La torta è una nuvola di panna, un mare di crema. Una signora torta... evvai!
Tutte le fette sono uguali e per-fette. Nessuno perciò fa capricci per chiedere cose strane, tipo la faccia del gattino col fiocco in testa, il sorriso di Barbie o la lumaca con il guinzaglio.
Quasi svengo quando assaggio il primo boccone.
La nonna di Luna è una grande. Come ha fatto a sposare quell'uomo?
Ma Guido è veramente cattivo come pensavo?
Luna gli vuole così bene... prima, quando eravamo tutti intorno al secchio, lo ha abbracciato. Era così felice che quasi lo stritolava.
Gli ha detto: – Grazie del regalo nonnino mio... – e lui le ha dato un bacio sulla fronte.
Vorrei guardarlo di nuovo in faccia per

decidere se mi sta un po' simpatico adesso. Ma non lo vedo fra noi nel cerchio attorno alla torta. Quasi quasi lo vado a cercare. Marco e Fuad parlano con le femmine.
Ho deciso, lo spio!
Il corridoio subito dopo l'ingresso è grande, il pavimento è liscio, potrei correre e scivolare, ma farei un po' di rumore. Ora è il momento del passo felpato... Nico l'investigatore svolge le sue indagini con circospezione e furbizia. Nulla gli sfuggirà! Cammino in avanti ma mi guardo le spalle: qualcuno potrebbe seguirm... BAM, che botta! Ho sbattuto contro il signor Guido!
– Fai attenzione Nicolò! Dove vai? Se hai bisogno del bagno è dall'altra parte.
– Sì, scusi, grazie – rispondo con il broncio. Almeno non ha urlato.
Gira l'angolo e entra nella sala del mare.
Il cuore mi batte forte, aspetto due secondi e poi procedo, lo seguo, sono dietro la porta, non sento niente, mi abbasso furtivo, allungo il naso, butto un occhio di là, non vedo nessuno,

butto anche l'altro occhio e... nessuno!
Per mille meduse, dov'è finito?

Il tappeto

Papà mi viene a prendere a judo e mi dice che gli sembro migliorato, più a mio agio rispetto all'inizio.

Sono contento che lui noti questi miglioramenti, anche perché è l'unico: io mi sento sempre impedito come il primo giorno: la divisa mi si apre di continuo, non ho ancora imparato ad allacciare la fascia, e l'idea di dover sempre avere i piedi puliti mi mette ansia.

Questo sport non fa per me, ma non voglio deludere papà. Lui è un *judoka* mancato. Questo è il suo sogno, non il mio, ma non ho il coraggio di dirglielo. La maestra di judo si chiama Gisella, è molto alta e robusta.

Prima della lezione è affettuosa e spiritosa, ma quando cominciamo si fa un piccolo codino in testa e si trasforma in guerriero, comandandoci con grida corte e incomprensibili.

Al momento del combattimento Gisella mi

mette sempre in coppia con Michelone, che è alto il doppio di me, mi afferra la divisa e mi sbatte al tappeto venti volte di seguito.
Uno di questi pomeriggi prendo coraggio e gli chiedo:
– Scusa Michelone, non è che puoi farmi il favore di cadere prima tu, almeno una volta, anche per finta? Per fortuna che in palestra non c'è Luna.

Il biglietto

L'ultimo giorno di scuola prima delle vacanze di Pasqua, mentre coloriamo i biglietti di auguri che abbiamo preparato per le nostre famiglie, il maestro Luca ci ricorda che manca poco alla gita all'ospedale delle tartarughe, dove incontreremo almeno venti esemplari di *Caretta Caretta*.

– Venti, come noi! Ve le immaginate tutte sedute al banco? – dice Fuad.

– Guarda che saranno nel letto, è un ospedale! – ribatte Marco.

Ho due migliori amici proprio sciocchi. Per fortuna c'è Luna, che chiarisce che le tartarughe vengono curate in tante vasche d'acqua marina.

– E perché sono malate? – chiede Antonello preoccupato.

– Questa è una domanda giustissima che potremo fare al nonno di Luna e ai volontari e alle volontarie dell'ospedale – commenta

il maestro Luca passando proprio vicino mio banco. La sua faccia si fa incredula, poi minacciosa, e tuona: – Nico!
Tutti allungano il collo per leggere il mio biglietto.
– Che cosa maestro? Cos'ho fatto? – domando stupito. Il mio lavoro mi piace, ci ho messo una gran cura, e sono stato ordinato.
– Pasqua si scrive con la c o con la q?
– Ah sì, è vero, con la q, però al porto c'è un peschereccio che si chiama *Pascualina* con la c... – mi difendo io.
Il maestro ci spiega che il pescatore che ha dato il nome a quella barca non è stato così fortunato da poter andare a scuola, come noi, a imparare come si scrivono correttamente le parole.
– Il signor Guido ha detto che i pescatori delle volte pescano le tartarughe! – ricorda Giorgia.
– È vero – risponde il maestro – ma non lo fanno apposta...
Vorrebbe continuare, ma poi la campana suona ed è un fuggi fuggi generale.

Pascua

L'uovo

Incredibile, eccezionale! Devo correre da Luna a dirglielo, è un segno del destino: nell'uovo di Pasqua, quello piccolo che mi ha regalato mia cugina Loretta, ho trovato un ciondolo a forma di tartaruga!

– È proprio una *Caretta Caretta* – le ho spiegato, – vedi? Zampe-pinne con due unghie, becco-rostro a punta incurvato, guscio-carapace rosso e marrone, pancia-piastrone giallastra!

Evvai, Mamma mi dà il permesso di andare da Luna in bicicletta. A casa la mia amica non c'è, e sua sorella mi dice che posso cercarla al museo da nonno Guido.

Nico l'investigatore entra e sgattaiola nella sala del mare, non intercettato dalla signorina-ricci-fucsia che è impegnata a parlare con un gruppo di visitatori.

Nessuna traccia di Luna né di Guido.

Mi avvicino alla vecchia tartaruga e le sussurro:

– Acqua in bocca, compare!

Nel pannello dietro di lei ci sono tante *Caretta Caretta* fotografate mentre nuotano serenamente sui fondali. Appoggio la mano sul carapace di quella più grande, una carezza, anzi due, *carezza carezza*.

Per mille fulmini, il pannello si sposta, e rivela un passaggio che porta in un'altra stanza! Ecco dov'era sparito!

Entro e trovo una macabra fila di quattro grossi carapaci, e un'orrida sfilza di ami, ganci, corde, coltellini, tutti posati su un tavolo da lavoro. Reti e sportine di plastica sono ammassate ai piedi del tavolo. All'improvviso alle mie spalle spunta proprio lui, il signor Guido:

– Ciao Nicolò, buona Pasqua, hai scoperto il mio nascondiglio! Ora mi ricordo di te: sei quel bambino che quella volta, fuori da scuola...

Scappo, corro più che posso e fuori incontro Luna.

– Nico, cos'hai? – chiede spaventata raccogliendo il ciondolo di tartaruga che mi è caduto.

– Tuo nonno Guida, ehm, tuo nonno Giudo, cioè, tuo nonno Giuda, insomma, tuo nonno Guido... è un cacciatore di tartarughe! – rivelo indignato, spaventato, impacciato e sconvolto, e inforco la bici.

L'ospedale

Il giorno della gita non mi stupisco che sul pullman con noi non salga Guido.
Sono amareggiato per quello che ho visto, perché Luna non mi rivolge la parola, e anche e soprattutto perché i miei non credono che suo nonno possa essere una persona tanto spregevole da uccidere le tartarughe marine, che come dice lui, sono una specie protetta, per esibirle come trofei al museo del mare.
L'ospedale delle tartarughe si trova proprio sulla spiaggia. È un vecchio edificio basso con le finestre a forma di oblò.
Ci sono tante vasche rotonde collegate fra loro da alcune pompe. Quando arriviamo c'è molto silenzio e Andrea, il responsabile dei volontari che si prendono cura delle tartarughe, ci divide in piccoli gruppi e ci invita a raggiungerle per fare la loro conoscenza.

Luna porta Serena e Gaia da Saetta, la più piccola fra le ricoverate: la conosce già, e racconta che si è ferita sul rostro, cioè il muso. Io, Marco e Fuad siamo invece i nuovi amici di Panettone, tartarugo più simpatico del mondo con il carapace tutto rotto sul fianco, come se fosse un guscio di noce.
Gli altri conoscono Lucia, che ha un'infezione agli occhi a causa di un antibiotico presente nel mare, Giangiacomo che ha ingoiato un cellulare, Stellina che è quasi congelata nel mare, Fonzie che è appena stato operato per asportare l'amo da pesca che aveva in gola, e Giulietta che invece aveva un sacchetto di plastica nello stomaco. C'è anche Sante che è stato pescato per sbaglio, come molte altre tartarughe.
– Perché hanno tutti questi problemi? – chiede Marco con gli occhi lucidi. Io sono felice di avere un amico così sensibile, e adesso, per questo e per tutto il resto, viene da piangere anche a me.

L'eroe

In effetti siamo tutti colpiti dalla situazione di difficoltà delle nostre nuove amiche.

– Purtroppo ci sono persone che non trattano bene il mare e le sue creature e buttano sacchi di plastica e immondizia in acqua – risponde Andrea – o che pensano ancora che avere in casa un guscio di tartaruga le renda più importanti. Poi ci sono anche ragioni ambientali come gli sbalzi di temperatura ad aumentare le difficoltà di sopravvivenza per questa meravigliosa specie che noi tentiamo di aiutare.

– Come fate? – domanda Gaia.

– Il nostro lavoro è curare le tartarughe e fare il possibile per riportarle al loro ambiente naturale, e possiamo farlo grazie coraggiosi esperti e generosi appassionati come questo signore che sta entrando, che per noi è un eroe, e che voi forse conoscete: Guido.

– Nonno! – grida Luna, e salta al collo al mio nemico. Lui le fa segno di parlare piano per rispetto di Saetta.

I ragazzi dell'ospedale preparano i calamaretti per il pasto delle tartarughe.

Il signor Guido racconta: – Poco tempo fa con la guardia di finanza siamo riusciti a sequestrare quattro carapaci che stavano per essere venduti al contrabbando.

E io che pensavo che fosse lui il fuorilegge...

– Lavorate anche con i pompieri, i carabinieri e i supereroi? – chiede Antonello molto esaltato.

– Sì, e con Babbo Natale! – fa Federico.

Andrea e Guido si guardano seri, poi il nonno di Luna prosegue:

– Vi racconto un episodio di un po' di tempo fa: Nicolò, sì, proprio il vostro amico qui presente, stava attraversando la strada sulle strisce davanti a scuola. Io ero dietro di lui e tenevo per mano mia nipote Luna...

Per mille calamaretti, sono già color melanzana.

L'urlo

– Un'auto guidata da una persona un po' distratta stava per investire Nicolò. Io ho fatto un urlo più forte che potevo, e Nicolò si è fermato. In questo modo l'ho avvisato. Ecco, le tartarughe non possono essere avvisate come noi umani quando corrono un pericolo. Allora vengono investite dall'elica di un'imbarcazione, o ingoiano ami o plastiche, o subiscono l'inquinamento.

Guido ha salvato la vita non solo a tante tartarughe, ma anche a me! Ora mi sento uno sciocco, e lo guardo come se fosse mio nonno, io che un nonno non l'ho mai conosciuto e un altro nonno ce l'ho così lontano che non ricordo nemmeno che faccia abbia.

La mattinata all'ospedale delle tartarughe è volata, più volte ho cercato il coraggio di chiedere scusa a Luna, ma non l'ho trovato.

Andrea ci consegna un po' di bottiglie di

plastica raccolte sulla spiaggia dai volontari e ci propone di scrivere un messaggio per la tartaruga che abbiamo conosciuto da vicino, una lettera che inizi così:
Cara Caretta...
Poi dobbiamo mettere il messaggio nella bottiglia e conservarlo senza mai disperderlo in mare. Non solo conserveremo un ricordo, ma rispetteremo il mare e le sue creature.
Non so perché, ma l'idea mi piace talmente tanto che di bottigliette ne prendo due.
Nel pullman il maestro Luca ci chiede di scrivere la lettera alla tartaruga come compito a casa e di portare la bottiglia a scuola dove la leggeremo l'indomani. Evvai!
Appena torno a casa apro la prima bottiglia, prendo un foglio e una penna, faccio un bel respiro, penso a Panettone e mi metto a scrivere.

La lettera

Cara Caretta,
io prima non ti conoscevo ma per fortuna adesso sì. Io non mi dimenticherò più di te e ti aiuterò più che posso. Ti vengo a trovare e vado a trovare anche la tua antenata al museo. Racconterò la tua storia e anche quella degli altri tuoi amici feriti che adesso stanno all'ospedale. Non vedo l'ora che arrivi il giorno della tua liberazione in mare... ci sarò anch'io con i miei genitori, te lo prometto. Ciao Panettone!

Nicolò

Rileggo la lettera, correggo gli errori, arrotolo il foglio, lo infilo nella bottiglia, e avvito il tappo.
Poi prendo la seconda bottiglia e il secondo foglio. Faccio un sospiro, penso a Luna, e decido di sfogarmi, scrivendole una lettera che non le farò mai avere, perché ci metterò

tutto quello che sento dentro.
Nasconderò la bottiglia nel mio posto segreto, in fondo all'armadio.

Cara Luna,
scusa se ho pensato che tuo nonno Guido fosse uno spietato criminale. Spero che tu mi parli ancora perché senza il suono della tua voce il cuore mi batte troppo lento e rischio di congelarmi come quella tartaruga dell'ospedale. Spero che ti piaccio un po'. Spero che mi sposerai e tua nonna ci faccia la torta di matrimonio. Quando ti sto vicino sento il tuo profumo buonissimo.
Ti amo, con amore, il tuo innamorato per sempre
Nico

Metto la lettera segreta nella bottiglia, avvito il tappo. Mamma mi chiama, è pronta la cena. Evvai! Ho una fame...
In fretta e furia nascondo una bottiglia nell'armadio e ne metto l'altra nello zaino.

La bottiglia

Il maestro Luca ci dice di mettere sul banco la nostra bottiglia, e ci chiama uno alla volta invitandoci a scegliere la bottiglia di un compagno e leggere il messaggio all'interno ad alta voce.

Fuad sceglie il messaggio di Marco, Serena legge la lettera di Antonello, Gaia e Federico hanno dimenticato la loro bottiglia a casa. Altri stappano e leggono, e il tempo passa veloce.

Ora è il turno di Luna: viene verso il mio banco, prende la mia bottiglia, srotola il mio foglio, legge con gli occhi le prime parole della mia lettera.

Diventa arancione, poi rossa, poi viola, poi gialla, poi verde, poi blu... per mille tartarughe, ho sbagliato bottiglia!

Salve ragazzi, scopriamo insieme le caratteristiche di questo straordinario animale!

UNA SUPERFAMIGLIA

La tartaruga della specie Caretta Caretta, della famiglia Cheloniidae, detta **tartaruga comune**, è la più presente nel Mar Mediterraneo. È un rettile, quindi un animale a sangue freddo, che si è adattato alla vita acquatica sviluppando pinne al posto delle zampe, e uno scudo dorsale, **il carapace**, allungato, idrodinamico, quasi a forma di cuore.

PRIMO PIANO SULLA CARETTA

La nostra tartaruga ha una testa molto grossa, potenti mascelle e un becco, **il rostro**, con sporgenze taglienti utili per triturare il cibo. Niente denti dunque? Non proprio: il dente da uovo serve alle piccole tartarughe per rompere il guscio dell'uovo da cui devono uscire per nascere, ma poi lo riassorbono!

CIBI SLURP... E CIBI PUAH!

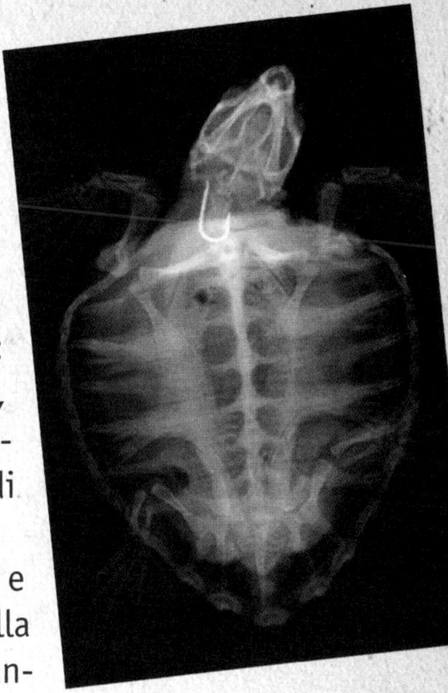

I nostri mari sono pieni di cibi succulenti per le tartarughe Caretta Caretta, che sono prevalentemente carnivore e si nutrono di: granchi, ricci di mare, molluschi, spugne, meduse, insetti, gamberetti, calamaretti, pesci e uova di pesci.
Non disdegnano anche le alghe e le piante acquatiche, e fin qui nulla di strano, ma purtroppo succede anche che ingoino sostanze e oggetti pericolosi per la loro vita, come attrezzi da pesca, sportine scambiate per meduse, rifiuti vari gettati in mare dagli uomini come bottoni, penne, chiavi, posate...

COMUNE MA NON TROPPO

La tartaruga Caretta Caretta è una specie in via di estinzione, sempre più minacciata dal rischio di incidenti con imbarcazioni, sonde, reti, ami, oggetti ingeriti, dall'inquinamento delle acque e dalla trasformazione delle spiagge su cui nidificare.

TARTARUGA UGUALE A...

...lentezza e saggezza: come la lumaca e il bradipo la tartaruga è notoriamente lenta: chi si ricorda la canzone *La tartaruga* di Bruno Lauzi?

Un muro la fermò,
si ruppe qualche dente,
da allora rallentò...

Ma fra tutti è la più saggia (nella favola di Esopo la fa in barba alla lepre), sicuramente anche per la sua

...longevità: una delle più simpatiche testuggini della letteratura è la vecchia Morla, tartaruga millenaria del regno di Fantàsia ne *La storia infinita* di Michael Ende.

...sorpresa: si ritrae nel suo guscio e sbuca fuori quando vuole. Il poeta Marino Moretti ne aveva ricevuta una in regalo per posta, e l'aveva chiamata Cunegonda, principessa, non sapendo che fosse un maschio.

...fertilità: una tartaruga può avere tantissimi figli per volta. Insieme all'elefante, in Africa, è simbolo di potenza e fortuna.

...universo: nella mitologia antica simboleggiava l'umanità, sorretta dalla terra (il piastrone) e coperta dal cielo (il carapace).

...stelle: per i Maya la tartaruga aveva un forte legame con il cielo. Lo scudo di Orione è chiamato Tartaruga in lingua yucateca.

STESSA SPIAGGIA STESSO MARE

L'avventura della nascita dei piccoli di Caretta Caretta è particolarmente affascinante. La madre depone nella sabbia, non lontano dalla riva, un centinaio di uova. Dopo un periodo che va da 45 a 65 giorni le uova si schiudono praticamente all'unisono, e quando i neonati riescono a spuntare dalla sabbia comincia la spettacolare corsa verso il mare: nuoteranno per almeno 24 ore!

UN MEDAGLIERE SORPRENDENTE

La nostra Caretta Caretta è in grado di muoversi piuttosto velocemente camminando sui fondali o nuotando fino a una velocità di circa 35 chilometri orari. Un'altra sua caratteristica singolare è l'apnea, dal momento che è in grado di trattenere il respiro per periodi lunghissimi.

LACRIME SALATE?

Chi dice che le tartarughe marine piangono ha un po' troppa fantasia: **le lacrime** che si notano sul muso vicino agli occhi sono sali in eccesso che la Caretta Caretta espelle da una speciale ghiandola che si trova vicino agli occhi.

NINJA TURTLES!

Nate da un fumetto e arrivate alla tv e al cinema, le quattro testuggini chiamate come gli artisti italiani Donatello, Michelangelo, Raffaello e Leonardo, dopo essere state contaminate da un liquido radioattivo si trasformano in mutanti, mangiano pizza e combattono contro malvagi criminali.

CURIOSITÀ

Una Caretta caretta trovata senza pinne al largo delle coste giapponesi è tornata a nuotare nel Parco acquatico Suma di Kobe, grazie a delle protesi in plastica applicate da un team di ricercatori dell'Università di Tokyo.

Fonte: National Geographic
Carrie Arnold, Fotografia Reuters

riferimenti:
www.marcoaffronte.it
www.fondazionecetacea.org
www.wwf.it
www.legambiente.it

NELLA STESSA COLLANA:

L'ombra del lupo *di Anselmo Roveda*

Nei panni di una lontra *di Fulvia Degl'Innocenti*

Sorriso di squalo *di Elisa Mazzoli*

Vita da somaro *di Daniela Valente*

CARA TARTARUGA
Scritto da Elisa Mazzoli
Illustrato da Chiara Nocentini

Finito di stampare nel mese di Aprile 2014
presso Rubbettino print - www.rubbettinoprint.it

Questo libro è stampato su carta certificata FSC®

FSC
www.fsc.org
MISTO
Carta
da fonti gestite in
maniera responsabile
FSC® C103486

OFFSET

ISBN: 978-88-98346-20-2

www.coccolebooks.com